Delicias Vegetarianas 2023

Recetas Sabrosas para una Vida Verde

Marta Sánchez

Contenido

Introducción 9
Frijoles edamame a la parrilla y calabacín 11
Repollo y pimientos asados 13
Okra y calabacín a la parrilla 15
Alcachofas a la plancha y lechuga romana 17
Repollo y pimientos asados 18
Remolachas a la parrilla y floretes de brócoli 20
Ensalada De Frijoles Edamame A La Parrilla Y Romaine 22
Repollo a la parrilla y pimientos verdes 24
Calabacín y repollo a la parrilla 26
Okra a la parrilla y cebolla roja 28
Alcachofas a la parrilla y cebollas rojas 30
Repollo a la plancha y lechuga romana 32
Remolachas y zanahorias a la parrilla 34
Zanahorias y cebollas baby a la parrilla 36
Floretes de brócoli y maíz tierno a la parrilla 38
Corazones de Alcachofa a la Plancha 40
Remolachas y espárragos a la parrilla 42
repollo a la parrilla 44

Alcachofa a la plancha 45

Okra y espárragos a la parrilla 46

Repollo a la plancha y lechuga romana 48

Frijoles edamame y pimientos a la parrilla 50

Zanahorias baby a la parrilla y pimientos verdes 52

Corazones de alcachofas y maíz tierno a la plancha con vinagreta de miel 54

Repollo a la parrilla remolachas y zanahorias 56

Okra y alcachofa a la parrilla 58

Okra de repollo a la parrilla y cebolla roja 60

Frijoles edamame y repollo a la parrilla 62

Alcachofa, zanahoria y col a la plancha 64

Remolachas a la plancha y corazones de alcachofas 66

Espárragos a la plancha con vinagreta de mostaza inglesa 68

Botón a la parrilla y champiñones shitake 71

Coliflor Asada Con Chipotle 73

Espárragos a la plancha con miso 75

Maíz grillado con chile poblano 78

Brócoli a la plancha con yogur natural 80

Champiñones a la plancha con dip de almendras y limón 82

Cebollas de hinojo a la parrilla súper fáciles 84

Zanahorias ahumadas a la plancha con yogur vegano 85

Calabacín, champiñones y coliflor a la parrilla 87

Brócoli y espárragos a la parrilla con coliflor 89

Zanahorias asadas con glaseado de miel y jengibre 91

Berenjenas en espiral a la parrilla con tomates 93

Brochetas de calabacín a la parrilla 95

Brochetas de pimiento shishito con receta de glaseado teriyaki .. 97

Achicoria Asada Con Queso Vegano 99

Tazón de aguacate y tomate 101

Cuencos de quinoa sobre frijoles negros 103

Coles de Bruselas con aderezo de soja 105

Fideos Teriyaki Veganos 107

Espaguetis Carbonara Veganos 109

Ensalada con fideos de arroz 111

Espaguetis Veganos A La Boloñesa 113

tomates rellenos con pesto 115

Ensalada De Espárragos Y Berenjenas De Calabacín A La Parrilla 118

Ensalada de berenjenas y escarola a la plancha 120

Ensalada de coles de bruselas y manzana asada con mango 122

Ensalada de berenjena y mango a la plancha 124

Ensalada con piña asada y berenjena 127

Ensalada de tomate y coliflor a la plancha 129

Ensalada de col y judías verdes a la plancha 131

Ensalada De Coliflor Y Judías Verdes A La Parrilla 133

Berenjena a la plancha con ensalada de zanahoria y berros 135

Ensalada De Zanahorias Y Berros A La Plancha 138

Ensalada de berenjenas y zanahorias baby a la plancha 140

Berros a la plancha Ensalada de zanahorias baby y judías verdes 142

Ensalada de maíz a la plancha y alcachofas 144

Ensalada de corazón de alcachofas a la plancha y ensalada de maíz 146

Ensalada de col lombarda y cerezas a la plancha 148

Ensalada de coliflor a la plancha, zanahorias baby y berros 151

Ensalada Boston a la parrilla y ensalada de calabacín 153

Corazones de alcachofa de Napa a la parrilla y ensalada de lechuga de Boston 155

Ensalada Picante De Corazón De Alcachofa A La Plancha 157

Ensalada de piña y mango a la plancha 159

Ensalada de coliflor tropical 161

Ensalada de lechuga romana y mango a la plancha 163

Manzanas asadas y ensalada de col 165

Ensalada de berenjenas, cerezas y espinacas a la plancha 167

Berenjena a la parrilla Napa Col y Corazones de alcachofa 170

Ensalada de berros y tomates a la plancha 172

Ensalada de berros y coliflor a la plancha 174

Ensalada de coliflor a la parrilla con coles de Bruselas y berros 176

Ensalada de tomates y melocotones a la plancha 178

Ensalada De Calabacín, Duraznos Y Espárragos A La Parrilla 180

Ensalada de col y tomate a la plancha 182

Ensalada a la plancha con col y coliflor 185

Berenjena a la parrilla y col en vinagreta de miel y manzana 187

Ensalada de col y coliflor a la parrilla con vinagreta balsámica ... 189

Ensalada de piña y berenjena a la plancha 191

Ensalada de calabacín y manzanas con mango a la plancha 193

Ensalada de tomate, manzana y mango a la plancha con vinagreta balsámica 195

Ensalada de brócoli y judías verdes a la plancha 197

Ensalada de espinacas y berenjenas a la plancha 200

Zanahorias a la plancha Ensalada de berros y col 202

Ensalada a la plancha Ensalada Boston con zanahorias y berros 204

Maíz a la parrilla y ensalada de col 206

Coles de Bruselas a la parrilla y ensalada de col Napa 208

Ensalada de lechuga Boston y zanahorias con repollo Napa a la parrilla 210

Ensalada de espinacas y berenjenas a la plancha 212

Ensalada de zanahorias y berenjenas a la plancha 215

Ensalada de col lombarda y tomate a la plancha 217

Ensalada de col roja y calabacín a la plancha 219

Introducción

El veganismo es un tipo de dieta que se puede adaptar a cualquier edad y género. La investigación ha demostrado que una dieta vegana puede ayudar a reducir el colesterol. También ayuda a la persona que hace dieta a evitar ciertos tipos de enfermedades como la diabetes tipo 2, enfermedades cardíacas, hipertensión y algunos tipos de cáncer.

Como siempre, querrá comenzar gradualmente, dando un paso a la vez. La mayoría de las dietas fallan cuando uno trata de hacer demasiado y espera demasiado demasiado pronto. La mejor manera de ponerse a dieta es dar pequeños pasos que ayuden a la persona que hace la dieta a adaptarse a este nuevo estilo de vida a largo plazo. Algunos de estos pasos incluyen eliminar la carne y cualquier producto animal después de una comida. También puede evitar la carne en algunas comidas diarias.

Otro paso que puedes dar en tu viaje hacia un estilo de vida vegano es salir con personas de ideas afines. Pasa tiempo con veganos en foros y especialmente en grupos. Esto te ayudará a aprender y adaptar las mejores prácticas, así como a compartir tus pensamientos y opiniones con otros veganos.

Mucha gente cree que los veganos carecen de una dieta variada debido a la ausencia de carne y productos lácteos. Nada mas lejos de la verdad. Una dieta vegana en realidad le permite a una persona experimentar una variedad más amplia de alimentos a medida que comienza a probar una gran variedad de frutas, verduras, granos, semillas y legumbres. Este tipo de alimentos están repletos de micronutrientes y fibra que no están presentes en la carne y los lácteos.

A muchos también se les ha hecho creer que una dieta vegana carece de ciertos macronutrientes y minerales como proteínas y calcio, sin embargo, existe una gama más amplia de vegetales y frijoles que podrían reemplazar fácilmente a la carne y los lácteos. Por ejemplo, el tofu es rico en proteínas.

Frijoles edamame a la parrilla y calabacín

Ingredientes

20 piezas Frijol de soya

1 libra de calabacín, cortado a lo largo en palitos más cortos

1 libra de pimientos verdes, cortados en tiras anchas

1 cebolla morada grande, cortada en rodajas gruesas de 1/2 pulgada

1/3 taza de perejil italiano o albahaca, finamente picada

Ingredientes para el aderezo:

6 cucharadas aceite de oliva virgen extra

1 cucharadita de cebolla en polvo

Sal marina, al gusto

3 cucharadas vinagre blanco destilado

1 cucharadita de mostaza Dijon

Mezcla bien todos los ingredientes del aderezo.

Precalentar la parrilla a baja temperatura y engrasar las rejillas.

Asa las verduras en capas durante 12 minutos por lado hasta que estén tiernas una vez.

Pincelar con los ingredientes de la marinada/aderezo

Repollo y pimientos asados

Ingredientes

1 repollo mediano cortado en rodajas

1 libra de pimientos verdes, cortados en tiras anchas

1 cebolla morada grande, cortada en rodajas gruesas de 1/2 pulgada

1/3 taza de perejil italiano o albahaca, finamente picada

ingredientes del aderezo

6 cucharadas aceite de oliva

1 cucharadita de ajo en polvo

1 cucharadita de cebolla en polvo

Sal marina, al gusto

3 cucharadas vinagre de vino blanco

1 cucharadita de mostaza inglesa

Mezcla bien todos los ingredientes del aderezo.

Precalentar la parrilla a baja temperatura y engrasar las rejillas.

Asa las verduras en capas durante 12 minutos por lado hasta que estén tiernas una vez.

Pincelar con los ingredientes de la marinada/aderezo

Okra y calabacín a la parrilla

Ingredientes

10 piezas Okra

1 libra de calabacín, cortado a lo largo en palitos más cortos

10 piezas coles de bruselas

1 cebolla morada grande, cortada en rodajas gruesas de 1/2 pulgada

1/3 taza de perejil italiano o albahaca, finamente picada

ingredientes del aderezo

6 cucharadas aceite de oliva

3 gotas de salsa picante Tabasco

Sal marina, al gusto

3 cucharadas vinagre de vino blanco

1 cucharadita de mayonesa sin huevos

Mezcla bien todos los ingredientes del aderezo.

Precalentar la parrilla a baja temperatura y engrasar las rejillas.

Asa las verduras en capas durante 12 minutos por lado hasta que estén tiernas una vez.

Pincelar con los ingredientes de la marinada/aderezo

Alcachofas a la plancha y lechuga romana

Ingredientes

1 alcachofa

1 manojo de hojas de lechuga romana

2 zanahorias medianas, cortadas a lo largo y partidas por la mitad

4 tomates grandes, en rodajas gruesas

ingredientes del aderezo

6 cucharadas aceite de oliva virgen extra

Sal marina, al gusto

3 cucharadas Vinagre balsámico

1 cucharadita de mostaza Dijon

Mezcla bien todos los ingredientes del aderezo.

Precalentar la parrilla a baja temperatura y engrasar las rejillas.

Asa las verduras en capas durante 12 minutos por lado hasta que estén tiernas una vez.

Pincelar con los ingredientes de la marinada/aderezo

Repollo y pimientos asados

Ingredientes

1 paquete de col rizada

1 libra de pimientos verdes, cortados en tiras anchas

1 cebolla morada grande, cortada en rodajas gruesas de 1/2 pulgada

1/3 taza de perejil italiano o albahaca, finamente picada

ingredientes del aderezo

6 cucharadas aceite de oliva virgen extra

Sal marina, al gusto

1 cucharadita de cebolla en polvo

1/2 cucharadita de Hierbas de Provenza

3 cucharadas vinagre blanco

1 cucharadita de mostaza Dijon

Mezcla bien todos los ingredientes del aderezo.

Precalentar la parrilla a baja temperatura y engrasar las rejillas.

Asa las verduras en capas durante 12 minutos por lado hasta que estén tiernas una vez.

Pincelar con los ingredientes de la marinada/aderezo

Remolachas a la parrilla y floretes de brócoli

Ingredientes

5 piezas Remolacha

1 libra de pimientos verdes, cortados en tiras anchas

10 floretes de brócoli

10 piezas coles de bruselas

1 cebolla morada grande, cortada en rodajas gruesas de 1/2 pulgada

1/3 taza de perejil italiano o albahaca, finamente picada

ingredientes del aderezo

6 cucharadas aceite de oliva virgen extra

Sal marina, al gusto

3 cucharadas vinagre de manzana

1 cucharada. Enamorado

1 cucharadita de mayonesa sin huevos

Mezcla bien todos los ingredientes del aderezo.

Precalentar la parrilla a baja temperatura y engrasar las rejillas.

Asa las verduras en capas durante 12 minutos por lado hasta que estén tiernas una vez.

Pincelar con los ingredientes de la marinada/aderezo

Ensalada De Frijoles Edamame A La Parrilla Y Romaine

Ingredientes

20 piezas Frijol de soya

1 manojo de hojas de lechuga romana

2 zanahorias medianas, cortadas a lo largo y partidas por la mitad

4 tomates grandes, en rodajas gruesas

Ingredientes para el aderezo:

6 cucharadas aceite de oliva virgen extra

1 cucharadita de cebolla en polvo

Sal marina, al gusto

3 cucharadas vinagre blanco destilado

1 cucharadita de mostaza Dijon

Mezcla bien todos los ingredientes del aderezo.

Precalentar la parrilla a baja temperatura y engrasar las rejillas.

Asa las verduras en capas durante 12 minutos por lado hasta que estén tiernas una vez.

Pincelar con los ingredientes de la marinada/aderezo

Repollo a la parrilla y pimientos verdes

Ingredientes

1 repollo mediano cortado en rodajas

1 libra de pimientos verdes, cortados en tiras anchas

1 cebolla morada grande, cortada en rodajas gruesas de 1/2 pulgada

1/3 taza de perejil italiano o albahaca, finamente picada

ingredientes del aderezo

6 cucharadas aceite de oliva virgen extra

Sal marina, al gusto

3 cucharadas Vinagre balsámico

1 cucharadita de mostaza Dijon

Mezcla bien todos los ingredientes del aderezo.

Precalentar la parrilla a baja temperatura y engrasar las rejillas.

Asa las verduras en capas durante 12 minutos por lado hasta que estén tiernas una vez.

Pincelar con los ingredientes de la marinada/aderezo

Calabacín y repollo a la parrilla

Ingredientes

1 libra de calabacín, cortado a lo largo en palitos más cortos

1 repollo mediano cortado en rodajas

1 cebolla morada grande, cortada en rodajas gruesas de 1/2 pulgada

1/3 taza de perejil italiano o albahaca, finamente picada

10 floretes de brócoli

10 piezas coles de bruselas

ingredientes del aderezo

6 cucharadas aceite de oliva

3 gotas de salsa picante Tabasco

Sal marina, al gusto

3 cucharadas vinagre de vino blanco

1 cucharadita de mayonesa sin huevos

Mezcla bien todos los ingredientes del aderezo.

Precalentar la parrilla a baja temperatura y engrasar las rejillas.

Asa las verduras en capas durante 12 minutos por lado hasta que estén tiernas una vez.

Pincelar con los ingredientes de la marinada/aderezo

Okra a la parrilla y cebolla roja

Ingredientes

10 piezas Okra

1 cebolla morada grande, cortada en rodajas gruesas de 1/2 pulgada

1/3 taza de perejil italiano o albahaca, finamente picada

ingredientes del aderezo

6 cucharadas aceite de oliva

1 cucharadita de ajo en polvo

1 cucharadita de cebolla en polvo

Sal marina, al gusto

3 cucharadas vinagre de vino blanco

1 cucharadita de mostaza inglesa

Mezcla bien todos los ingredientes del aderezo.

Precalentar la parrilla a baja temperatura y engrasar las rejillas.

Asa las verduras en capas durante 12 minutos por lado hasta que estén tiernas una vez.

Pincelar con los ingredientes de la marinada/aderezo

Alcachofas a la parrilla y cebollas rojas

Ingredientes

1 alcachofa

1 cebolla morada grande, cortada en rodajas gruesas de 1/2 pulgada

1/3 taza de perejil italiano o albahaca, finamente picada

ingredientes del aderezo

6 cucharadas aceite de oliva virgen extra

Sal marina, al gusto

3 cucharadas vinagre de manzana

1 cucharada. Enamorado

1 cucharadita de mayonesa sin huevos

Mezcla bien todos los ingredientes del aderezo.

Precalentar la parrilla a baja temperatura y engrasar las rejillas.

Asa las verduras en capas durante 12 minutos por lado hasta que estén tiernas una vez.

Pincelar con los ingredientes de la marinada/aderezo

Repollo a la plancha y lechuga romana

Ingredientes

1 paquete de col rizada

1 manojo de hojas de lechuga romana

2 zanahorias medianas, cortadas a lo largo y partidas por la mitad

4 tomates grandes, en rodajas gruesas

1/3 taza de perejil italiano o albahaca, finamente picada

ingredientes del aderezo

6 cucharadas aceite de oliva virgen extra

Sal marina, al gusto

3 cucharadas Vinagre balsámico

1 cucharadita de mostaza Dijon

Mezcla bien todos los ingredientes del aderezo.

Precalentar la parrilla a baja temperatura y engrasar las rejillas.

Asa las verduras en capas durante 12 minutos por lado hasta que estén tiernas una vez.

Pincelar con los ingredientes de la marinada/aderezo

Remolachas y zanahorias a la parrilla

Ingredientes

5 piezas Remolacha

1 manojo de hojas de lechuga romana

2 zanahorias medianas, cortadas a lo largo y partidas por la mitad

4 tomates grandes, en rodajas gruesas

1/3 taza de perejil italiano o albahaca, finamente picada

Ingredientes para el aderezo:

6 cucharadas aceite de oliva virgen extra

1 cucharadita de cebolla en polvo

Sal marina, al gusto

3 cucharadas vinagre blanco destilado

1 cucharadita de mostaza Dijon

Mezcla bien todos los ingredientes del aderezo.

Precalentar la parrilla a baja temperatura y engrasar las rejillas.

Asa las verduras en capas durante 12 minutos por lado hasta que estén tiernas una vez.

Pincelar con los ingredientes de la marinada/aderezo

Zanahorias y cebollas baby a la parrilla

Ingredientes

8 piezas zanahoria bebé

1 cebolla morada grande, cortada en rodajas gruesas de 1/2 pulgada

1/3 taza de perejil italiano o albahaca, finamente picada

ingredientes del aderezo

6 cucharadas aceite de oliva virgen extra

Sal marina, al gusto

1 cucharadita de cebolla en polvo

1/2 cucharadita de Hierbas de Provenza

3 cucharadas vinagre blanco

1 cucharadita de mostaza Dijon

Mezcla bien todos los ingredientes del aderezo.

Precalentar la parrilla a baja temperatura y engrasar las rejillas.

Asa las verduras en capas durante 12 minutos por lado hasta que estén tiernas una vez.

Pincelar con los ingredientes de la marinada/aderezo

Floretes de brócoli y maíz tierno a la parrilla

Ingredientes

10 piezas Maíz bebe

10 floretes de brócoli

10 piezas coles de bruselas

1 cebolla morada grande, cortada en rodajas gruesas de 1/2 pulgada

1/3 taza de perejil italiano o albahaca, finamente picada

ingredientes del aderezo

6 cucharadas aceite de oliva

3 gotas de salsa picante Tabasco

Sal marina, al gusto

3 cucharadas vinagre de vino blanco

1 cucharadita de mayonesa sin huevos

Mezcla bien todos los ingredientes del aderezo.

Precalentar la parrilla a baja temperatura y engrasar las rejillas.

Asa las verduras en capas durante 12 minutos por lado hasta que estén tiernas una vez.

Pincelar con los ingredientes de la marinada/aderezo

Corazones de Alcachofa a la Plancha

Ingredientes

1 taza de corazones de alcachofa

1 manojo de hojas de lechuga romana

2 zanahorias medianas, cortadas a lo largo y partidas por la mitad

4 tomates grandes, en rodajas gruesas

1 cebolla morada grande, cortada en rodajas gruesas de 1/2 pulgada

1/3 taza de perejil italiano o albahaca, finamente picada

ingredientes del aderezo

6 cucharadas aceite de oliva

1 cucharadita de ajo en polvo

1 cucharadita de cebolla en polvo

Sal marina, al gusto

3 cucharadas vinagre de vino blanco

1 cucharadita de mostaza inglesa

Mezcla bien todos los ingredientes del aderezo.

Precalentar la parrilla a baja temperatura y engrasar las rejillas.

Asa las verduras en capas durante 12 minutos por lado hasta que estén tiernas una vez.

Pincelar con los ingredientes de la marinada/aderezo

Remolachas y espárragos a la parrilla

Ingredientes

5 piezas Remolacha

10 piezas Espárragos

1 manojo de hojas de lechuga romana

2 zanahorias medianas, cortadas a lo largo y partidas por la mitad

4 tomates grandes, en rodajas gruesas

1 libra de pimientos verdes, cortados en tiras anchas

1 cebolla morada grande, cortada en rodajas gruesas de 1/2 pulgada

1/3 taza de perejil italiano o albahaca, finamente picada

ingredientes del aderezo

6 cucharadas aceite de oliva virgen extra

Sal marina, al gusto

3 cucharadas vinagre de manzana

1 cucharada. Enamorado

1 cucharadita de mayonesa sin huevos

Mezcla bien todos los ingredientes del aderezo.

Precalentar la parrilla a baja temperatura y engrasar las rejillas.

Asa las verduras en capas durante 12 minutos por lado hasta que estén tiernas una vez.

Pincelar con los ingredientes de la marinada/aderezo

repollo a la parrilla

Ingredientes

1 paquete de col rizada

1/3 taza de perejil italiano o albahaca, finamente picada

ingredientes del aderezo

6 cucharadas aceite de oliva virgen extra

Sal marina, al gusto

3 cucharadas Vinagre balsámico

1 cucharadita de mostaza Dijon

Mezcla bien todos los ingredientes del aderezo.

Precalentar la parrilla a baja temperatura y engrasar las rejillas.

Asa las verduras en capas durante 12 minutos por lado hasta que estén tiernas una vez.

Pincelar con los ingredientes de la marinada/aderezo

Alcachofa a la plancha

Ingredientes

1 alcachofa

1/3 taza de perejil italiano o albahaca, finamente picada

Ingredientes para el aderezo:

6 cucharadas aceite de oliva virgen extra

1 cucharadita de cebolla en polvo

Sal marina, al gusto

3 cucharadas vinagre blanco destilado

1 cucharadita de mostaza Dijon

Mezcla bien todos los ingredientes del aderezo.

Precalentar la parrilla a baja temperatura y engrasar las rejillas.

Asa las verduras en capas durante 12 minutos por lado hasta que estén tiernas una vez.

Pincelar con los ingredientes de la marinada/aderezo

Okra y espárragos a la parrilla

Ingredientes

10 piezas Okra

10 piezas Espárragos

1 manojo de hojas de lechuga romana

2 zanahorias medianas, cortadas a lo largo y partidas por la mitad

4 tomates grandes, en rodajas gruesas

ingredientes del aderezo

6 cucharadas aceite de oliva

1 cucharadita de ajo en polvo

1 cucharadita de cebolla en polvo

Sal marina, al gusto

3 cucharadas vinagre de vino blanco

1 cucharadita de mostaza inglesa

Mezcla bien todos los ingredientes del aderezo.

Precalentar la parrilla a baja temperatura y engrasar las rejillas.

Asa las verduras en capas durante 12 minutos por lado hasta que estén tiernas una vez.

Pincelar con los ingredientes de la marinada/aderezo

Repollo a la plancha y lechuga romana

Ingredientes

1 repollo mediano cortado en rodajas

1 manojo de hojas de lechuga romana

2 zanahorias medianas, cortadas a lo largo y partidas por la mitad

4 tomates grandes, en rodajas gruesas

1 cebolla morada grande, cortada en rodajas gruesas de 1/2 pulgada

1/3 taza de perejil italiano o albahaca, finamente picada

ingredientes del aderezo

6 cucharadas aceite de oliva

3 gotas de salsa picante Tabasco

Sal marina, al gusto

3 cucharadas vinagre de vino blanco

1 cucharadita de mayonesa sin huevos

Mezcla bien todos los ingredientes del aderezo.

Precalentar la parrilla a baja temperatura y engrasar las rejillas.

Asa las verduras en capas durante 12 minutos por lado hasta que estén tiernas una vez.

Pincelar con los ingredientes de la marinada/aderezo

Frijoles edamame y pimientos a la parrilla

Ingredientes

20 piezas Frijol de soya

1 libra de pimientos verdes, cortados en tiras anchas

1 cebolla morada grande, cortada en rodajas gruesas de 1/2 pulgada

1/3 taza de perejil italiano o albahaca, finamente picada

ingredientes del aderezo

6 cucharadas aceite de oliva virgen extra

Sal marina, al gusto

3 cucharadas Vinagre balsámico

1 cucharadita de mostaza Dijon

Mezcla bien todos los ingredientes del aderezo.

Precalentar la parrilla a baja temperatura y engrasar las rejillas.

Asa las verduras en capas durante 12 minutos por lado hasta que estén tiernas una vez.

Pincelar con los ingredientes de la marinada/aderezo

Zanahorias baby a la parrilla y pimientos verdes

Ingredientes

8 piezas zanahoria bebé

1 libra de pimientos verdes, cortados en tiras anchas

10 floretes de brócoli

10 piezas coles de bruselas

1 cebolla morada grande, cortada en rodajas gruesas de 1/2 pulgada

1/3 taza de perejil italiano o albahaca, finamente picada

ingredientes del aderezo

6 cucharadas aceite de oliva virgen extra

Sal marina, al gusto

1 cucharadita de cebolla en polvo

1/2 cucharadita de Hierbas de Provenza

3 cucharadas vinagre blanco

1 cucharadita de mostaza Dijon

Mezcla bien todos los ingredientes del aderezo.

Precalentar la parrilla a baja temperatura y engrasar las rejillas.

Asa las verduras en capas durante 12 minutos por lado hasta que estén tiernas una vez.

Pincelar con los ingredientes de la marinada/aderezo

Corazones de alcachofas y maíz tierno a la plancha con vinagreta de miel

Ingredientes

1 taza de corazones de alcachofa

10 piezas Maíz bebe

1 manojo de hojas de lechuga romana

2 zanahorias medianas, cortadas a lo largo y partidas por la mitad

4 tomates grandes, en rodajas gruesas

1/3 taza de perejil italiano o albahaca, finamente picada

ingredientes del aderezo

6 cucharadas aceite de oliva virgen extra

Sal marina, al gusto

3 cucharadas vinagre de manzana

1 cucharada. Enamorado

1 cucharadita de mayonesa sin huevos

Mezcla bien todos los ingredientes del aderezo.

Precalentar la parrilla a baja temperatura y engrasar las rejillas.

Asa las verduras en capas durante 12 minutos por lado hasta que estén tiernas una vez.

Pincelar con los ingredientes de la marinada/aderezo

Repollo a la parrilla remolachas y zanahorias

Ingredientes

1 paquete de col rizada

5 piezas Remolacha

2 zanahorias medianas, cortadas a lo largo y partidas por la mitad

4 tomates grandes, en rodajas gruesas

1 cebolla morada grande, cortada en rodajas gruesas de 1/2 pulgada

1/3 taza de perejil italiano o albahaca, finamente picada

Ingredientes para el aderezo:

6 cucharadas aceite de oliva virgen extra

1 cucharadita de cebolla en polvo

Sal marina, al gusto

3 cucharadas vinagre blanco destilado

1 cucharadita de mostaza Dijon

Mezcla bien todos los ingredientes del aderezo.

Precalentar la parrilla a baja temperatura y engrasar las rejillas.

Asa las verduras en capas durante 12 minutos por lado hasta que estén tiernas una vez.

Pincelar con los ingredientes de la marinada/aderezo

Okra y alcachofa a la parrilla

Ingredientes

10 piezas Okra

1 alcachofa

1 cebolla morada grande, cortada en rodajas gruesas de 1/2 pulgada

1/3 taza de perejil italiano o albahaca, finamente picada

ingredientes del aderezo

6 cucharadas aceite de oliva

3 gotas de salsa picante Tabasco

Sal marina, al gusto

3 cucharadas vinagre de vino blanco

1 cucharadita de mayonesa sin huevos

Mezcla bien todos los ingredientes del aderezo.

Precalentar la parrilla a baja temperatura y engrasar las rejillas.

Asa las verduras en capas durante 12 minutos por lado hasta que estén tiernas una vez.

Pincelar con los ingredientes de la marinada/aderezo

Okra de repollo a la parrilla y cebolla roja

Ingredientes

1 repollo mediano cortado en rodajas

10 piezas Okra

1 cebolla morada grande, cortada en rodajas gruesas de 1/2 pulgada

1/3 taza de perejil italiano o albahaca, finamente picada

10 floretes de brócoli

10 piezas coles de bruselas

ingredientes del aderezo

6 cucharadas aceite de oliva

1 cucharadita de ajo en polvo

1 cucharadita de cebolla en polvo

Sal marina, al gusto

3 cucharadas vinagre de vino blanco

1 cucharadita de mostaza inglesa

Mezcla bien todos los ingredientes del aderezo.

Precalentar la parrilla a baja temperatura y engrasar las rejillas.

Asa las verduras en capas durante 12 minutos por lado hasta que estén tiernas una vez.

Pincelar con los ingredientes de la marinada/aderezo

Frijoles edamame y repollo a la parrilla

Ingredientes

20 piezas Frijol de soya

1 repollo mediano cortado en rodajas

1 manojo de hojas de lechuga romana

2 zanahorias medianas, cortadas a lo largo y partidas por la mitad

4 tomates grandes, en rodajas gruesas

1/3 taza de perejil italiano o albahaca, finamente picada

ingredientes del aderezo

6 cucharadas aceite de oliva

3 gotas de salsa picante Tabasco

Sal marina, al gusto

3 cucharadas vinagre de vino blanco

1 cucharadita de mayonesa sin huevos

Mezcla bien todos los ingredientes del aderezo.

Precalentar la parrilla a baja temperatura y engrasar las rejillas.

Asa las verduras en capas durante 12 minutos por lado hasta que estén tiernas una vez.

Pincelar con los ingredientes de la marinada/aderezo

Alcachofa, zanahoria y col a la plancha

Ingredientes

1 alcachofa

1 paquete de col rizada

2 zanahorias medianas, cortadas a lo largo y partidas por la mitad

4 tomates grandes, en rodajas gruesas

1 cebolla blanca grande, cortada en rodajas de 1/2 pulgada

ingredientes del aderezo

6 cucharadas aceite de oliva

3 gotas de salsa picante Tabasco

Sal marina, al gusto

3 cucharadas vinagre de vino blanco

1 cucharadita de mayonesa sin huevos

Mezcla bien todos los ingredientes del aderezo.

Precalentar la parrilla a baja temperatura y engrasar las rejillas.

Asa las verduras en capas durante 12 minutos por lado hasta que estén tiernas una vez.

Pincelar con los ingredientes de la marinada/aderezo

Remolachas a la plancha y corazones de alcachofas

Ingredientes

5 piezas Remolacha

1 taza de corazones de alcachofa

1 manojo de hojas de lechuga romana

2 zanahorias medianas, cortadas a lo largo y partidas por la mitad

4 tomates grandes, en rodajas gruesas

ingredientes del aderezo

6 cucharadas aceite de oliva

3 gotas de salsa picante Tabasco

Sal marina, al gusto

3 cucharadas vinagre de vino blanco

1 cucharadita de mayonesa sin huevos

Mezcla bien todos los ingredientes del aderezo.

Precalentar la parrilla a baja temperatura y engrasar las rejillas.

Asa las verduras en capas durante 12 minutos por lado hasta que estén tiernas una vez.

Pincelar con los ingredientes de la marinada/aderezo

Espárragos a la plancha con vinagreta de mostaza inglesa

INGREDIENTES

2 cucharaditas de cáscara de limón finamente rallada

2 cucharadas de jugo de limón fresco

1 cucharada de mostaza inglesa

¼ taza de aceite de oliva virgen extra y más

Sal marina, pimienta recién molida

2 manojos grandes de espárragos fuertes, recortados

2 manojos de cebolletas, si son grandes córtalas por la mitad

Precaliente la parrilla a fuego medio-alto.

En un tazón, combine la ralladura de limón, el jugo de limón, la mostaza y ¼ de taza de aceite.

Condimentar con sal y pimienta.

Coloque los espárragos y la cebolla tierna en la sartén y rocíe con aceite.

Sazone con sal y pimienta.

Ase a la parrilla durante unos 4 minutos por cada lado o hasta que estén tiernos.

Pincelar las verduras asadas con el aderezo.

Botón a la parrilla y champiñones shitake

INGREDIENTES

12 onzas. champiñones frescos

4 onzas. setas shiitake

8 oz. zanahorias pequeñas (unas 6), peladas y cortadas por la mitad a lo largo.

4 cucharadas de aceite de canola, divididas

Sal marina y pimienta negra recién molida

2 cucharadas de salsa de soya reducida en sodio

2 cucharadas de vinagre de arroz sin sazonar

1 cucharada de aceite de sésamo tostado

1 cucharadita de jengibre pelado finamente rallado

6 cebolletas, en rodajas finas en diagonal

2 cucharaditas de semillas de sésamo tostadas

Precaliente la parrilla a fuego medio-alto.

Mezcle los champiñones y las zanahorias con 3 cucharadas. aceite de canola en un tazón.

Condimentar con sal y pimienta.

Asa los champiñones y las zanahorias, volteándolos con frecuencia, hasta que se ablanden.

Mezcle la salsa de soja, el vinagre, el aceite de sésamo, el jengibre y la 1 cucharada restante. aceite de canola en un tazón.

Cortar las zanahorias en trozos de 2 pulgadas de largo

Cortar los champiñones en trozos del tamaño de un bocado.

Combínalos con vinagreta, cebolletas y semillas de sésamo.

Condimentar con sal y pimienta.

Coliflor Asada Con Chipotle

INGREDIENTES

½ taza de aceite de oliva y más para asar

1 cabeza grande de coliflor (alrededor de 2½ libras), corte los tallos y retire las hojas exteriores.

2 chiles chipotles enlatados en adobo, finamente picados, más 3 cucharadas de salsa de adobo

8 dientes de ajo, finamente rallados

6 cucharadas de vinagre de vino tinto

3 cucharadas de miel

2 cucharadas de sal kosher

2 cucharadas de pimentón ahumado

1 cucharada de orégano seco

Rodajas de limón (para servir)

Prepara la parrilla a fuego medio-bajo y engrasa las rejillas.

Cortar la coliflor en 4 partes iguales.

Agregue los chiles, la salsa de adobo, el ajo, el vinagre, la melaza, la sal, el pimentón, el orégano y la ½ taza restante de aceite de oliva en un tazón mediano para combinar.

Cepille un lado de cada filete de coliflor con esta salsa y coloque los filetes con la salsa hacia abajo en la parrilla.

Extiende la salsa por el otro lado.

Asa la coliflor hasta que esté tierna durante 7-8 minutos.

Rocíe la salsa sobre el lado cocido

Ase a la parrilla hasta que el otro lado esté tierno, 7-8 minutos.

Mover a fuego indirecto y pincelar con la salsa. C

Ase a la parrilla hasta que estén tiernos. Esto toma alrededor de 20 minutos.

Servir con rodajas de limón.

Espárragos a la plancha con miso

INGREDIENTES

¼ de taza más 2 cucharadas de mirin (vino dulce de arroz japonés)

¼ taza de miso blanco

2 cucharadas de vinagre de vino blanco aromatizado

2 cucharaditas de jengibre pelado recién rallado

2 manojos de espárragos (alrededor de 2 libras), recortados

rodajas de limón, cebolletas en rodajas finas y semillas de sésamo tostadas (para servir)

Sal marina, al gusto

Prepara tu parrilla para fuego alto.

Mezcla el mirin, el miso, el vinagre y el jengibre en un bol.

Coloque los espárragos en capas en una bandeja para hornear y cubra con la mezcla de la marinada.

Combinar tirando.

Ase los espárragos hasta que estén ligeramente dorados y tiernos, 4 1/2 minutos.

Exprima el jugo de lima y adorne con cebolletas y semillas de sésamo.

Maíz grillado con chile poblano

INGREDIENTES

Aceite de oliva (para asar a la parrilla)

2 cucharadas de jugo de limón fresco

¾ cucharadita de salsa picante (como la de Franko)

Sal marina

4 mazorcas de maíz, sin cáscara

2 chiles poblanos pequeños

3 cucharadas de aceite de oliva virgen extra

2 cebolletas, picadas

Precalentar la parrilla a fuego medio

Aceita la rejilla.

Mezcle el jugo de lima y la salsa picante en un tazón y sazone con sal.

Asa la mazorca de maíz y el chile.

Voltee con frecuencia hasta que las hojas de maíz estén carbonizadas y los chiles ligeramente carbonizados.

Rocíe el maíz con aceite de oliva.

Cortar los granos.

Retire las semillas del chile y pique finamente.

Combinar maíz con cebolleta

Sazone con sal marina.

Brócoli a la plancha con yogur natural

INGREDIENTES

2 cabezas pequeñas de brócoli (alrededor de 1½ libras)

Sal marina

½ taza de yogur blanco vegetal

1 cucharada de aceite de oliva

1 cucharada de mostaza inglesa

1½ cucharaditas de chile Kashmiri o paprika

1 cucharadita de chaat masala

1 cucharadita de comino molido

1 cucharadita de cúrcuma molida

Aceite vegetal (para asar a la parrilla)

Cortar los tallos del brócoli.

Corte los tallos a lo largo en rectángulos de ¼" de grosor.

Rompe la cabeza del brócoli en floretes grandes.

Cocine en una olla con agua hirviendo con sal hasta que estén tiernos y de color verde brillante. Esto toma 2 minutos.

Escurrir y transferir a un recipiente con agua helada.

Escurrir y secar.

Mezcle yogur vegetal, aceite de oliva, mostaza, chile en polvo, chaat masala, comino y cúrcuma en un tazón grande.

Agrega el brócoli y combina con la mezcla líquida.

Sazone con sal marina.

Prepara tu parrilla para fuego medio-alto;.

Asa el brócoli hasta que esté ligeramente dorado, 6 minutos.

Champiñones a la plancha con dip de almendras y limón
INGREDIENTES

1½ tazas de almendras blanqueadas enteras

1 cucharada de jugo de limón fresco

4 cucharadas de aceite de oliva virgen extra, dividido

1 cucharada más 2 cucharaditas de vinagre de jerez, cantidad dividida

Sal marina

1 libra de champiñones frescos, sin tallos, cortados por la mitad a lo largo

Pimienta negra recién molida

Precalienta tu horno a 350°.

Reserva 6 almendras para decorar.

Tueste las nueces restantes en una bandeja para hornear, revolviendo con frecuencia.

Freír hasta que estén doradas y aromáticas. Esto toma alrededor de 8-10 minutos.

En una licuadora, procese las almendras hasta que estén finamente molidas.

Agregue jugo de limón, 2 cucharadas. aceite, 1 cda. vinagre y ½ taza de agua.

Revuelva agregando más agua hasta que la inmersión esté bastante suave.

Sazonar con sal.

Prepara la parrilla a fuego medio-alto.

Agregue los champiñones y las 2 cucharadas restantes. aceite en un bol.

Condimentar con sal y pimienta.

Asa los champiñones hasta que estén suaves y dorados. Esto toma alrededor de 5 minutos.

Regrese los champiñones al tazón y combínelos con las 2 cucharaditas restantes. vinagre.

Sirve los champiñones con el dip y decora con las almendras.

Cebollas de hinojo a la parrilla súper fáciles

INGREDIENTES

4 bulbos de hinojo medianos (alrededor de 3 libras en total), rebanados a lo largo de ½ pulgada de grosor

3 cucharadas de aceite de oliva virgen extra

Sal marina

Pimienta recién molida

Mezclar el hinojo con el aceite.

Sazone con sal y pimienta.

Asa el hinojo a fuego medio durante unos 4 minutos por cada lado.

Zanahorias ahumadas a la plancha con yogur vegano

INGREDIENTES

3 libras de zanahorias con tapas, lavadas, tapas recortadas a 1 pulgada

2 manojos de cebollas tiernas, recortadas, cortadas por la mitad a lo largo

4 cucharadas de aceite de oliva virgen extra, dividido

Sal marina

1 cucharadita de semillas de comino

1 chile serrano picado finamente y otro en rodajas para servir

1 taza de yogur natural no lácteo

3 cucharadas jugo de limón fresco

2 cucharadas de menta picada, más hojas para servir

Equipamiento especial

Molinillo de especias o mortero y maja

Prepara la parrilla a fuego medio-bajo.

Combine las zanahorias y las cebolletas en una fuente para hornear con borde con 2 cucharadas. aceite de oliva

Sazone con sal marina.

Ase a la parrilla y cubra, volteando con frecuencia, hasta que estén tiernos, 15-20 minutos.

tueste el comino en una sartén a fuego medio hasta que esté fragante.

Dejaremos que se enfríe.

Triture y mezcle en un bol con el Serrano picado, el yogur, el jugo de lima, la menta picada y las 2 cucharadas restantes. aceite.

Sazone con sal marina.

Calabacín, champiñones y coliflor a la parrilla

COMPOSICIÓN Nutrición

2 calabacines, en rodajas
2 calabazas amarillas, en rodajas
1 pimiento rojo, cortado en cubitos
1 libra de champiñones frescos, cortados a la mitad
1 cebolla roja, cortada por la mitad y en rodajas
2 tazas de floretes de brócoli
2 tazas de floretes de coliflor

Ingredientes vinagreta
rociar ligeramente con aceite de oliva
3 cucharadas de jugo de limón fresco
9 dientes de ajo
1 cucharada de albahaca fresca picada
1/4 taza de perejil picado
¼ de cucharadita de orégano
Sal marina
Pimienta

Coloque las verduras en capas sobre 2 piezas de papel de aluminio.

Mezclar los ingredientes para la vinagreta, rociar sobre las verduras.

Tapar y sellar con papel aluminio

Asar tapado a fuego medio durante media hora.

Voltee los paquetes de papel de aluminio una vez durante todo el proceso de cocción.

Brócoli y espárragos a la parrilla con coliflor

Ingredientes

Coliflor

Brócoli

Espárragos

½ taza de aceite de oliva virgen extra

1/2 cucharadita de condimento italiano

Sal marina y pimienta al gusto

1/2 limón fresco

Lavar, escurrir y picar las verduras.

Para la combinación de la marinada:

Aceite de oliva (1/8 taza)

Aceite de Oliva Hierbas Toscanas (1/8 taza)

Condimento italiano (1/2 cucharadita)

Sal marina y pimienta al gusto.

Marina los floretes de coliflor y brócoli con los ingredientes de la marinada durante 45 minutos en una bolsa con cierre hermético a temperatura ambiente.

Pintar los espárragos con aceite de oliva.

Sazone con 3/4 de cucharadita. pimienta y un poco de sal marina al gusto

Calentar la parrilla a fuego medio

Ase a la parrilla hasta que las verduras estén tiernas y crujientes.

Exprimir jugo de limón sobre las verduras.

Zanahorias asadas con glaseado de miel y jengibre

Ingredientes

Ingredientes vinagreta

1/4 taza de miel

1/4 taza de salsa de soya

2 cucharaditas de ajo recién picado, aproximadamente 1 diente mediano

1/2 cucharadita de jengibre fresco finamente rallado

1/4 cucharadita de hojuelas de pimiento rojo triturado

Para las zanahorias:

3 zanahorias grandes, peladas y cortadas en rodajas de 3/4 de pulgada en forma inclinada

3 cucharadas de aceite de oliva virgen extra

1 cebolleta, en rodajas finas

Sal marina

Mezclar los ingredientes de la vinagreta.

Mezclar las rodajas de zanahoria en un bol con el aceite.

Sazone con sal marina.

Precaliente su parrilla y coloque las zanahorias en capas a un lado de la parrilla para asarlas lentamente a fuego indirecto durante 45 minutos.

Asegúrate de voltear las zanahorias cada 15 minutos.

Pincelar con vinagreta y gratinar.

Cocine por otros 3 minutos y transfiera a un tazón.

Rocíe con vinagreta y decore con cebolletas

Berenjenas en espiral a la parrilla con tomates

Ingredientes

Ingredientes para el relleno

1 1/2 tazas de yogur vegetal

1/2 taza de queso vegano suave

1 cucharada de jugo fresco de 1 limón

2 cucharaditas de orégano fresco finamente picado

1 cucharadita de menta fresca finamente picada

1 cucharadita de eneldo fresco finamente molido

1 cucharadita de ajo picado (alrededor de 1 diente mediano)

Sal marina y pimienta negra recién molida

Para rollos con berenjena:

2 berenjenas grandes, con los extremos recortados y cortados a lo largo en rebanadas de 1/4 de pulgada

1/3 taza de aceite de oliva virgen extra

3 tomates Roma, sin tallo, sin corazón y cortados en cubos de 1/4 de pulgada

1 pepino inglés, sin semillas y cortado en cubos de 1/4 de pulgada

Sal marina y pimienta negra recién molida

Precaliente la parrilla a fuego medio-alto

Mezclar los ingredientes para el relleno.

Rocíe las berenjenas con aceite de oliva, sal y pimienta.

Asa las berenjenas a fuego medio durante 2 ½ min. cada lado.

Dejar enfriar durante 4 minutos.

Extienda los ingredientes para el relleno sobre cada berenjena y cubra con tomates y pepinos.

Enrolle las berenjenas en espirales.

Brochetas de calabacín a la parrilla

Ingredientes vinagreta

1/4 taza de aceite de oliva virgen extra

2 cucharadas de jugo de limón fresco de 1 limón, más 1 limón adicional, cortado en gajos para servir

2 cucharadas de vinagre de vino blanco

4 cucharaditas de ajo recién picado (alrededor de 2 dientes medianos)

2 cucharaditas de orégano seco

1 cucharadita de hojas de menta fresca finamente picadas

Sal marina y pimienta negra recién molida

Ingredientes principales

1 libra de queso vegano, cortado en cubos de 3/4 de pulgada

2 calabacines medianos, cortados en rodajas de 1/2 pulgada

2 cebollas rojas medianas, peladas y cortadas en trozos de 3/4 de pulgada

1 litro de tomates uva

Brochetas de madera, remojadas en agua durante al menos 30 minutos antes de usar

Tzatziki, para servir (opcional)

Pita, calentada, para servir (opcional)

Mezclar los ingredientes de la vinagreta.

Rallar el queso, el calabacín, la cebolla y los tomates.

Precaliente la parrilla a temperatura media.

Ase a la parrilla hasta que el queso se derrita y el calabacín durante 4 minutos o hasta que estén tiernos.

Exprima el jugo de limón y sirva con vinagreta, tzatziki y pan de pita.

Brochetas de pimiento shishito con receta de glaseado teriyaki

Ingredientes

1 libra de pimientos shishito

Sal marina

Pimienta negra recién molida

1/4 taza de salsa teriyaki

Ensarte los pimientos en juegos de 2 brochetas, manteniendo cada una a una distancia de aproximadamente 1 pulgada para facilitar el giro.

Precaliente la parrilla a fuego medio alto.

Asa cada pimiento hasta que se dore por un lado, aproximadamente 2 minutos.

Voltee los pimientos y áselos por el otro lado, unos 2 minutos más.

Condimentar con sal y pimienta.

Untar con salsa teriyaki.

Achicoria Asada Con Queso Vegano

Ingredientes

2 cabezas de achicoria enteras, sin corazón por la mitad

Sal marina y pimienta negra recién molida

1/3 taza de queso desmenuzado vegano a base de tofu

Aceite de oliva virgen extra, para rociar

Saba o sirope balsámico, para rociar (ver nota)

Precaliente la parrilla a temperatura media alta

Coloque la achicoria con el lado cortado hacia abajo en la parrilla.

Ase a la parrilla hasta que esté ligeramente carbonizado por un lado, aproximadamente 2 minutos.

Desdoble y sazone la parte superior con sal y pimienta.

Ase a la parrilla por el otro lado hasta que se dore, unos 2 minutos más.

Cocine a fuego indirecto hasta que estén completamente tiernos, aproximadamente 1 minuto más.

Espolvorear con queso vegano

Rociar con aceite de oliva y almíbar.

Tazón de aguacate y tomate

Ingredientes

1/2 taza de estofado picante de frijoles negros, calentado

1 cucharadita de aceite de oliva virgen extra

1/2 taza de tomates romanos

1/4 taza de granos de maíz frescos (de 1 mazorca)

1/2 aguacate mediano maduro, en rodajas finas

1 rábano mediano, en rodajas muy finas

2 cucharadas de hojas de cilantro fresco

1/4 cucharadita de sal marina

1/8 cucharadita de pimienta negra

Caliente una sartén a fuego medio-alto.

Agregue aceite a la sartén.

Agregue los tomates al aceite y fríalos hasta que estén suaves pero carbonizados, aproximadamente 3 minutos.

Coloque los tomates en un tazón grande al lado de los frijoles.

Cuece los elotes y cocina por 2 ½ minutos.

Coloca el maíz junto a los tomates.

Agregue el aguacate, los rábanos y el cilantro.

Condimentar con sal y pimienta.

Cuencos de quinoa sobre frijoles negros

Ingredientes

2 cucharaditas de aceite de oliva virgen extra, dividido

1 cucharadita de vinagre de vino blanco

1/4 cucharadita de sal marina, cantidad dividida

1 taza de quinua cocida caliente

1 taza de tomates uva, cortados a la mitad

1/2 taza de frijoles negros sin sal enlatados, enjuagados, escurridos y calientes

2 cucharadas de cilantro picado y más para decorar

1/2 aguacate maduro, en rodajas

Mezcle 1 1/2 cucharaditas de aceite, vinagre y una pizca de sal marina.

Mezcle bien la quinua, los tomates, los frijoles, el cilantro y 1/8 de cucharadita de sal.

Divide esta mezcla entre 2 tazones.

Calentar una sartén a fuego medio.

Agregue la 1/2 cucharadita de aceite restante.

Casca los huevos, uno a la vez, en la sartén.

Cubra y cocine hasta que las claras estén listas y la yema aún esté líquida, aproximadamente de 2 a 3 minutos.

Vierta el aderezo uniformemente sobre la mezcla de quinua.

Decorar con huevos y aguacate.

Sazone con el resto de la sal marina.

Adorne con cilantro.

Coles de Bruselas con aderezo de soja

Ingredientes

2 cucharadas de aceite de sésamo, divididas

4 onzas de tempeh, en rodajas finas

4 cucharaditas de salsa de soya

2 cucharaditas de vinagre de jerez

1/8 de cucharadita de sal marina

2 cucharadas de cilantro fresco picado, cantidad dividida

11/2 tazas de coles de Bruselas en rodajas muy finas

Rebanadas finas de chile jalapeño

2 cucharadas de maní picado sin sal, tostado

2 gajos de lima

Calentar una sartén a fuego medio alto

Caliente 1 cucharada de aceite en una sartén.

Agregue el tempeh y cocine hasta que esté muy crujiente y dorado, aproximadamente 2 minutos por lado.

Transferir a un plato.

Combine la salsa de soya, el vinagre, la sal, 1 cucharada de cilantro y el aceite de sésamo restante en un tazón.

Agregue las coles de Bruselas y revuelva para cubrir.

Divide entre 2 tazones.

Espolvorea rebanadas de chile jalapeño y maní y coloca rebanadas de tempeh.

Rocíe con el aderezo restante y espolvoree con el cilantro restante.

Servir con rodajas de lima.

Fideos Teriyaki Veganos

Ingredientes

¼ taza de salsa de soya

1 cucharada de miel (néctar de coco o coco/azúcar moreno, agregue más o menos al gusto)

1 cucharadita de vinagre de arroz

½ cucharadita de aceite de sésamo

una pizca de pimienta negra (puedes usar pimiento rojo triturado o sriracha si te gusta más picante)

8-9 onzas de fideos ramen

2 tazas de repollo Napa picado u otras verduras de hoja verde como bok choy, espinacas o repollo común

3 zanahorias, juliana

1 pimiento verde entero, deseche el tallo y las semillas y córtelo en rodajas finas (cualquier color sirve)

4-5 champiñones laminados (baby bella, shiitake, botón, etc.)

3 dientes de ajo picados

1 taza de guisantes de nieve

3-4 cebollas verdes, cortadas en trozos de 2 pulgadas

Coloque los fideos en una olla con agua hirviendo y cocine hasta que los fideos comiencen a romperse.

Retire del fuego, escurra y enjuague con agua fría.

Para hacer la salsa:

Mezcle la salsa de soja, la miel, el vinagre de arroz, el aceite de sésamo y la pimienta.

Caliente el aceite a fuego medio-alto.

Agregue el repollo, las zanahorias, los pimientos, los champiñones y el ajo.

Saltee las verduras durante 2 1/2 minutos, hasta que estén tiernas.

Agregue los guisantes y las cebollas verdes y saltee por otro minuto.

Agregue los fideos y la mitad de la salsa.

Saltee a fuego alto durante 1 ½ minutos, hasta que la salsa espese y cubra los fideos.

Agregue la salsa restante.

Espaguetis Carbonara Veganos

Ingredientes

Salsa De Anacardos:

1 taza de anacardos (remojados durante la noche)

3/4 taza de caldo de verduras

2 cucharadas de levadura nutricional

3 dientes de ajo picado

1 cebolla roja picada

Sal marina

Pimienta

Carbonara:

250 g de pasta de espagueti integral

300 g de champiñones blancos (en rodajas)

1 taza de guisantes verdes (frescos o congelados)

1 cebolla roja pequeña (picada)

3 dientes de ajo (picados)

1-2 cucharadas de aceite de oliva virgen extra

perejil fresco

Sal marina

pimienta negra

Pedir Queso de Marañón

Lavar los anacardos y procesarlos en una licuadora con el resto de los ingredientes.

Licua hasta que tengas una textura suave.

Para hacer espaguetis a la carbonara

Cocine la pasta de acuerdo con las instrucciones del paquete.

Rocíe con aceite de oliva.

Calentar el aceite de oliva en una sartén a fuego medio.

Agregue el ajo y cocine, revolviendo constantemente, durante 1 minuto.

Agregue la cebolla y los champiñones y fríalos hasta que se doren (unos 5 minutos), revolviendo constantemente.

Agregue los guisantes y cocine por otros 3 minutos.

Agregue ¼ de taza de queso de marañón

Decorar con perejil fresco.

Ensalada con fideos de arroz

Ingredientes

Salsa

3 cucharadas de salsa de soya

1 cucharada de vinagre de vino de arroz

1 cucharada de miel

1 cucharadita de jugo de limón

Ensalada

100 g de fideos de arroz

1 zanahoria

1 calabacín

1/4 col morada finamente picada

1 pimiento verde, finamente rebanado

1 pimiento amarillo, cortado en rodajas finas

1 manojo de cilantro fresco, picado en trozos grandes

1 puñado pequeño de anacardos picados en trozos grandes

1 cucharadita de semillas de sésamo

1/2 chile rojo

Mezclar todos los ingredientes de la salsa.

Remoje los fideos de acuerdo con las instrucciones del paquete.

Mezclar con zanahorias y calabacines.

Agregue las verduras restantes finamente picadas.

Mezclar con la salsa y decorar con cilantro, anacardos, semillas de sésamo y chile.

Espaguetis Veganos A La Boloñesa

Ingredientes

200 gramos (7 onzas) de espagueti

1 calabacín mediano, en espiral

1 cebolla roja mediana, cortada en cubitos

6 dientes de ajo, picados

2 tazas (480 ml) de salsa de tomate

2 tazas (340 gramos) de lentejas cocidas

1 ½ cucharaditas de pimentón español

2 cucharaditas de orégano

2 cucharaditas de vinagre de vino tinto

½ cucharadita de sal marina

Unas pizcas de pimienta

Cocine la pasta de acuerdo con las instrucciones del paquete.

Caliente una sartén a fuego medio-alto.

Agregue la cebolla, el ajo y un poco de agua.

Freír hasta que estén tiernos, revolviendo constantemente, y agregar el resto de los ingredientes.

Cocine hasta que las lentejas estén bien calientes.

Mezcle la pasta con el calabacín.

Vierta sobre la salsa boloñesa de lentejas.

tomates rellenos con pesto

Ingredientes

crema pesto

2 manojos grandes de albahaca (alrededor de 2 tazas de hojas ligeramente empacadas)

1/4 taza de aceite de oliva virgen extra

1/4 taza de anacardos crudos, remojados

1 diente de ajo

1 cucharadita de levadura nutricional

Sal marina y pimienta al gusto

Relleno de quinoa

1 cucharada de aceite de oliva virgen extra

1 cebolla roja mediana, cortada en cubitos

10 onzas de espinacas frescas

3 dientes de ajo

1/2 cucharadita de condimento italiano

3 tazas de quinua cocida

6 cucharadas de pesto vegano

Sal marina

Pimienta negra al gusto

Tomates -

6 tomates grandes (sin semillas ni corazones)

2 cucharadas de aceite de oliva virgen extra

Sal marina y pimienta al gusto

albahaca fresca

Precaliente el horno a 400 grados F.

Mezcle todos los ingredientes para el pesto en una licuadora y mezcle hasta que quede suave.

En una sartén, sofreír la cebolla en aceite de oliva durante 7 minutos o hasta que esté transparente.

Agregue las espinacas y los dientes de ajo y cocine por otros 2 minutos.

Agregue la quinua cocida, la salsa pesto, el condimento italiano, la sal y la pimienta.

Corta la parte superior de cada tomate. Saque todas las semillas.

Vierta aceite de oliva en la fuente para hornear y extiéndalo.

Coloque los tomates en una fuente para horno y rocíe con una cucharada de aceite.

Condimentar con sal y pimienta.

Mezcle el relleno de pesto de quinua en cada uno de los tomates y vuelva a colocar la parte superior.

Hornee por 30 minutos.

Decorar con albahaca.

Ensalada De Espárragos Y Berenjenas De Calabacín A La Parrilla

Ingredientes:
Corta 1 calabacín a lo largo y córtalo por la mitad
6 piezas Espárragos
12 onzas de berenjena (alrededor de 12 onzas en total), cortadas a lo largo en rectángulos de 1/2 pulgada de grosor
¼ taza de aceite de oliva virgen extra

ingredientes del aderezo
6 cucharadas aceite de oliva
3 gotas de salsa picante Tabasco
Sal marina, al gusto
3 cucharadas vinagre de vino blanco
1 cucharadita de mayonesa sin huevos

Deberes
Precaliente la parrilla a fuego medio alto.

Cepille las verduras con ¼ de taza de aceite.

cocinar

Salpimentar y asar durante 4 min. a la página.

Gire solo una vez para obtener marcas de parrilla en las verduras.

Mezclar todos los ingredientes para el aderezo.

Rocíe sobre las verduras.

Ensalada de berenjenas y escarola a la plancha

Ingredientes:

Corta 1 calabacín a lo largo y córtalo por la mitad

6 piezas Espárragos

4 tomates grandes, en rodajas gruesas

1 manojo de escarola

1/4 taza de aceite de oliva virgen extra

ingredientes del aderezo

4 cucharadas aceite de oliva

Condimento para bistec, McCormick

2 cucharadas. vinagre blanco

1 cucharada. tomillo seco

1/2 cucharadita de sal marina

Deberes

Precaliente la parrilla a fuego medio alto.

Cepille las verduras con ¼ de taza de aceite.

cocinar

Salpimentar y asar durante 4 min. a la página.

Gire solo una vez para obtener marcas de parrilla en las verduras.

Mezclar todos los ingredientes para el aderezo.

Rocíe sobre las verduras.

Ensalada de coles de bruselas y manzana asada con mango

Ingredientes:

1 taza de mango picado

1 taza de manzanas Fuji cortadas en cubitos

5 piezas coles de bruselas

¼ taza de aceite de oliva virgen extra

ingredientes del aderezo

6 cucharadas aceite de oliva virgen extra

Sal marina, al gusto

3 cucharadas vinagre de manzana

1 cucharada. Enamorado

1 cucharadita de mayonesa sin huevos

Deberes

Precaliente la parrilla a fuego medio alto.

Cepille las verduras con ¼ de taza de aceite.

cocinar

Salpimentar y asar durante 4 min. a la página.

Gire solo una vez para obtener marcas de parrilla en las verduras.

Mezclar todos los ingredientes para el aderezo.

Rocíe sobre las verduras.

Ensalada de berenjena y mango a la plancha

Ingredientes:

12 onzas de berenjena (alrededor de 12 onzas en total), cortadas a lo largo en rectángulos de 1/2 pulgada de grosor

Corta 1 calabacín a lo largo y córtalo por la mitad

1 taza de mango picado

1 taza de manzanas Fuji cortadas en cubitos

¼ taza de aceite de oliva virgen extra

Vendaje

2 cucharadas. aceite de nuez de macadamia

Condimento para bistec, McCormick

3 cucharadas Jerez seco

1 cucharada. tomillo seco

Deberes

Precaliente la parrilla a fuego medio alto.

Cepille las verduras con ¼ de taza de aceite.

cocinar

Salpimentar y asar durante 4 min. a la página.

Gire solo una vez para obtener marcas de parrilla en las verduras.

Mezclar todos los ingredientes para el aderezo.

Rocíe sobre las verduras.

Ensalada con piña asada y berenjena

Ingredientes:

12 onzas de berenjena (alrededor de 12 onzas en total), cortadas a lo largo en rectángulos de 1/2 pulgada de grosor

1 manojo de repollo, enjuagado y escurrido

1 taza de trozos de piña en lata

¼ taza de aceite de oliva virgen extra

Vendaje

2 cucharadas. aceite de nuez de macadamia

Condimento para bistec, McCormick

3 cucharadas Jerez seco

1 cucharada. tomillo seco

Deberes

Precaliente la parrilla a fuego medio alto.

Cepille las verduras con ¼ de taza de aceite.

cocinar

Salpimentar y asar durante 4 min. a la página.

Gire solo una vez para obtener marcas de parrilla en las verduras.

Mezclar todos los ingredientes para el aderezo.

Rocíe sobre las verduras.

Ensalada de tomate y coliflor a la plancha

Ingredientes:

5 floretes de coliflor

5 piezas coles de bruselas

4 tomates grandes, en rodajas gruesas

¼ taza de aceite de oliva virgen extra

ingredientes del aderezo

6 cucharadas aceite de oliva

1 cucharadita de ajo en polvo

Sal marina, al gusto

3 cucharadas vinagre blanco destilado

1 cucharadita de mayonesa sin huevos

Deberes

Precaliente la parrilla a fuego medio alto.

Cepille las verduras con ¼ de taza de aceite.

cocinar

Salpimentar y asar durante 4 min. a la página.

Gire solo una vez para obtener marcas de parrilla en las verduras.

Mezclar todos los ingredientes para el aderezo.

Rocíe sobre las verduras.

Ensalada de col y judías verdes a la plancha

Ingredientes:

8 piezas Judías verdes

1 manojo de repollo, enjuagado y escurrido

¼ taza de aceite de oliva virgen extra

Vendaje

2 cucharadas. aceite de nuez de macadamia

Condimento para bistec, McCormick

3 cucharadas Jerez seco

1 cucharada. tomillo seco

Deberes

Precaliente la parrilla a fuego medio alto.

Cepille las verduras con ¼ de taza de aceite.

cocinar

Salpimentar y asar durante 4 min. a la página.

Gire solo una vez para obtener marcas de parrilla en las verduras.

Mezclar todos los ingredientes para el aderezo.

Rocíe sobre las verduras.

Ensalada De Coliflor Y Judías Verdes A La Parrilla

Ingredientes:

8 piezas Judías verdes

7 floretes de brócoli

12 onzas de berenjena (alrededor de 12 onzas en total), cortadas a lo largo en rectángulos de 1/2 pulgada de grosor

4 tomates grandes, en rodajas gruesas

5 floretes de coliflor

¼ taza de aceite de nuez de macadamia

ingredientes del aderezo

6 cucharadas aceite de oliva virgen extra

Sal marina, al gusto

3 cucharadas vinagre de manzana

1 cucharada. Enamorado

1 cucharadita de mayonesa sin huevos

Deberes

Precaliente la parrilla a fuego medio alto.

Cepille las verduras con ¼ de taza de aceite.

cocinar

Salpimentar y asar durante 4 min. a la página.

Gire solo una vez para obtener marcas de parrilla en las verduras.

Mezclar todos los ingredientes para el aderezo.

Rocíe sobre las verduras.

Berenjena a la plancha con ensalada de zanahoria y berros

Ingredientes:

12 onzas de berenjena (alrededor de 12 onzas en total), cortadas a lo largo en rectángulos de 1/2 pulgada de grosor

5 zanahorias pequeñas

1 manojo de berros, lavados y escurridos 1 manojo de escarola

1/4 taza de aceite de oliva virgen extra

ingredientes del aderezo

6 cucharadas aceite de oliva

3 gotas de salsa picante Tabasco

Sal marina, al gusto

3 cucharadas vinagre de vino blanco

1 cucharadita de mayonesa sin huevos

Deberes

Precaliente la parrilla a fuego medio alto.

Cepille las verduras con ¼ de taza de aceite.

cocinar

Salpimentar y asar durante 4 min. a la página.

Gire solo una vez para obtener marcas de parrilla en las verduras.

Mezclar todos los ingredientes para el aderezo.

Rocíe sobre las verduras.

Ensalada De Zanahorias Y Berros A La Plancha

Ingredientes:

5 zanahorias pequeñas

1 manojo de berros, enjuagados y escurridos

1 manojo de escarola

1/4 taza de aceite de oliva virgen extra

ingredientes del aderezo

6 cucharadas aceite de oliva virgen extra

Sal marina, al gusto

3 cucharadas vinagre de manzana

1 cucharada. Enamorado

1 cucharadita de mayonesa sin huevos

Deberes

Precaliente la parrilla a fuego medio alto.

Cepille las verduras con ¼ de taza de aceite.

cocinar

Salpimentar y asar durante 4 min. a la página.

Gire solo una vez para obtener marcas de parrilla en las verduras.

Mezclar todos los ingredientes para el aderezo.

Rocíe sobre las verduras.

Ensalada de berenjenas y zanahorias baby a la plancha

Ingredientes:

12 onzas de berenjena (alrededor de 12 onzas en total), cortadas a lo largo en rectángulos de 1/2 pulgada de grosor

5 zanahorias pequeñas

1 manojo de berros, enjuagados y escurridos

1/4 taza de aceite de oliva virgen extra

ingredientes del aderezo

4 cucharadas aceite de oliva

Condimento para bistec, McCormick

2 cucharadas. vinagre blanco

1 cucharada. tomillo seco

1/2 cucharadita de sal marina

Deberes

Precaliente la parrilla a fuego medio alto.

Cepille las verduras con ¼ de taza de aceite.

cocinar

Salpimentar y asar durante 4 min. a la página.

Gire solo una vez para obtener marcas de parrilla en las verduras.

Mezclar todos los ingredientes para el aderezo.

Rocíe sobre las verduras.

Berros a la plancha Ensalada de zanahorias baby y judías verdes

Ingredientes:
8 piezas Judías verdes
5 zanahorias pequeñas
1 manojo de berros, enjuagados y escurridos
1 manojo de escarola
1/4 taza de aceite de oliva virgen extra

ingredientes del aderezo
6 cucharadas aceite de oliva
3 gotas de salsa picante Tabasco
Sal marina, al gusto
3 cucharadas vinagre de vino blanco
1 cucharadita de mayonesa sin huevos

Deberes
Precaliente la parrilla a fuego medio alto.

Cepille las verduras con ¼ de taza de aceite.

cocinar

Salpimentar y asar durante 4 min. a la página.

Gire solo una vez para obtener marcas de parrilla en las verduras.

Mezclar todos los ingredientes para el aderezo.

Rocíe sobre las verduras.

Ensalada de maíz a la plancha y alcachofas

Ingredientes:

10 onzas de berenjena (alrededor de 12 onzas en total), cortadas a lo largo en rectángulos de 1/2 pulgada de grosor

10 piezas uvas rojas

1/2 taza de maíz enlatado

1 taza de alcachofas enlatadas

1 manojo de escarola

1/4 taza de aceite de oliva virgen extra

ingredientes del aderezo

6 cucharadas aceite de oliva

1 cucharadita de ajo en polvo

Sal marina, al gusto

3 cucharadas vinagre blanco destilado

1 cucharadita de mayonesa sin huevos

Deberes

Precaliente la parrilla a fuego medio alto.

Cepille las verduras con ¼ de taza de aceite.

cocinar

Salpimentar y asar durante 4 min. a la página.

Gire solo una vez para obtener marcas de parrilla en las verduras.

Mezclar todos los ingredientes para el aderezo.

Rocíe sobre verduras y frutas.

Ensalada de corazón de alcachofas a la plancha y ensalada de maíz

Ingredientes:
1/2 taza de maíz enlatado

1 taza de corazones de alcachofa enlatados

1 manojo de lechuga Boston

1/4 taza de aceite de oliva virgen extra

Vendaje
2 cucharadas. aceite de nuez de macadamia

Condimento para bistec, McCormick

3 cucharadas Jerez seco

1 cucharada. tomillo seco

Deberes
Precaliente la parrilla a fuego medio alto.

Cepille las verduras con ¼ de taza de aceite.

cocinar

Salpimentar y asar durante 4 min. a la página.

Gire solo una vez para obtener marcas de parrilla en las verduras.

Mezclar todos los ingredientes para el aderezo.

Rocíe sobre las verduras.

Ensalada de col lombarda y cerezas a la plancha

Ingredientes:

8 piezas Judías verdes

1/2 repollo rojo mediano, en rodajas finas

1/4 taza de cerezas

4 tomates grandes, en rodajas gruesas

¼ taza de aceite de nuez de macadamia

ingredientes del aderezo

6 cucharadas aceite de oliva virgen extra

Sal marina, al gusto

3 cucharadas vinagre de manzana

1 cucharada. Enamorado

1 cucharadita de mayonesa sin huevos

Deberes

Precaliente la parrilla a fuego medio alto.

Cepille las verduras con ¼ de taza de aceite.

cocinar

Salpimentar y asar durante 4 min. a la página.

Gire solo una vez para obtener marcas de parrilla en las verduras.

Mezclar todos los ingredientes para el aderezo.

Rocíe sobre las verduras.

Ensalada de coliflor a la plancha, zanahorias baby y berros

Ingredientes:

5 floretes de coliflor

5 zanahorias pequeñas

1 manojo de berros, enjuagados y escurridos

7 floretes de brócoli

ingredientes del aderezo

4 cucharadas aceite de oliva

Condimento para bistec, McCormick

2 cucharadas. vinagre blanco

1 cucharada. tomillo seco

1/2 cucharadita de sal marina

Deberes

Precaliente la parrilla a fuego medio alto.

Cepille las verduras con ¼ de taza de aceite.

cocinar

Salpimentar y asar durante 4 min. a la página.

Gire solo una vez para obtener marcas de parrilla en las verduras.

Mezclar todos los ingredientes para el aderezo.

Rocíe sobre las verduras.

Ensalada Boston a la parrilla y ensalada de calabacín

Ingredientes:

12 onzas de berenjena (alrededor de 12 onzas en total), cortadas a lo largo en rectángulos de 1/2 pulgada de grosor

Corta 1 calabacín a lo largo y córtalo por la mitad

4 tomates grandes, en rodajas gruesas

5 floretes de coliflor

1 manojo de lechuga Boston

1/4 taza de aceite de oliva virgen extra

Vendaje

2 cucharadas. aceite de nuez de macadamia

Condimento para bistec, McCormick

3 cucharadas Jerez seco

1 cucharada. tomillo seco

Deberes

Precaliente la parrilla a fuego medio alto.

Cepille las verduras con ¼ de taza de aceite.

cocinar

Salpimentar y asar durante 4 min. a la página.

Gire solo una vez para obtener marcas de parrilla en las verduras.

Mezclar todos los ingredientes para el aderezo.

Rocíe sobre las verduras.

Corazones de alcachofa de Napa a la parrilla y ensalada de lechuga de Boston

Ingredientes:

1 taza de corazones de alcachofa enlatados

1/2 repollo Napa mediano, en rodajas finas

1 manojo de lechuga Boston

1/4 taza de aceite de oliva virgen extra

ingredientes del aderezo

6 cucharadas aceite de oliva

1 cucharadita de ajo en polvo

Sal marina, al gusto

3 cucharadas vinagre blanco destilado

1 cucharadita de mayonesa sin huevos

Deberes

Precaliente la parrilla a fuego medio alto.

Cepille las verduras con ¼ de taza de aceite.

cocinar

Salpimentar y asar durante 4 min. a la página.

Gire solo una vez para obtener marcas de parrilla en las verduras.

Mezclar todos los ingredientes para el aderezo.

Rocíe sobre las verduras.

Ensalada Picante De Corazón De Alcachofa A La Plancha

Ingredientes:

1 taza de corazones de alcachofa enlatados

1/2 repollo Napa mediano, en rodajas finas

1 manojo de lechuga Boston

1/4 taza de aceite de oliva virgen extra

ingredientes del aderezo

6 cucharadas aceite de oliva

3 gotas de salsa picante Tabasco

Sal marina, al gusto

3 cucharadas vinagre de vino blanco

1 cucharadita de mayonesa sin huevos

Deberes

Precaliente la parrilla a fuego medio alto.

Cepille las verduras con ¼ de taza de aceite.

cocinar

Salpimentar y asar durante 4 min. a la página.

Gire solo una vez para obtener marcas de parrilla en las verduras.

Mezclar todos los ingredientes para el aderezo.

Rocíe sobre las verduras.

Ensalada de piña y mango a la plancha

Ingredientes:

1 taza de trozos de piña en lata

1 taza de mango picado

5 floretes de coliflor

¼ taza de aceite de oliva virgen extra

ingredientes del aderezo

6 cucharadas aceite de oliva virgen extra

Sal marina, al gusto

3 cucharadas vinagre de manzana

1 cucharada. Enamorado

1 cucharadita de mayonesa sin huevos

Deberes

Precaliente la parrilla a fuego medio alto.

Cepille las verduras con ¼ de taza de aceite.

cocinar

Salpimentar y asar durante 4 min. a la página.

Gire solo una vez para obtener marcas de parrilla en las verduras.

Mezclar todos los ingredientes para el aderezo.

Rocíe sobre las verduras.

Ensalada de coliflor tropical

Ingredientes:

5 floretes de coliflor

1 taza de trozos de piña en lata

1 taza de mango picado

1/4 taza de aceite de oliva virgen extra

ingredientes del aderezo

4 cucharadas aceite de oliva

Condimento para bistec, McCormick

2 cucharadas. vinagre blanco

1 cucharada. tomillo seco

1/2 cucharadita de sal marina

Deberes

Precaliente la parrilla a fuego medio alto.

Cepille las verduras con ¼ de taza de aceite.

cocinar

Salpimentar y asar durante 4 min. a la página.

Gire solo una vez para obtener marcas de parrilla en las verduras.

Mezclar todos los ingredientes para el aderezo.

Rocíe sobre las verduras.

Ensalada de lechuga romana y mango a la plancha

Ingredientes:

1 manojo de hojas de lechuga romana

2 zanahorias medianas, cortadas a lo largo y partidas por la mitad

1 taza de trozos de piña en lata

1 taza de mango picado

¼ taza de aceite de nuez de macadamia

ingredientes del aderezo

6 cucharadas aceite de oliva virgen extra

Sal marina, al gusto

3 cucharadas Vinagre balsámico

1 cucharadita de mostaza Dijon

Deberes

Precaliente la parrilla a fuego medio alto.

Cepille las verduras con ¼ de taza de aceite.

cocinar

Salpimentar y asar durante 4 min. a la página.

Gire solo una vez para obtener marcas de parrilla en las verduras.

Mezclar todos los ingredientes para el aderezo.

Rocíe sobre las verduras.

Manzanas asadas y ensalada de col

Ingredientes:

1 taza de manzanas Fuji cortadas en cubitos

1/2 repollo rojo mediano, en rodajas finas

1/4 taza de cerezas

2 zanahorias medianas, cortadas a lo largo y partidas por la mitad

¼ taza de aceite de oliva virgen extra

ingredientes del aderezo

6 cucharadas aceite de oliva virgen extra

Sal marina, al gusto

3 cucharadas Vinagre balsámico

1 cucharadita de mostaza Dijon

Deberes

Precaliente la parrilla a fuego medio alto.

Cepille las verduras con ¼ de taza de aceite.

cocinar

Salpimentar y asar durante 4 min. a la página.

Gire solo una vez para obtener marcas de parrilla en las verduras.

Mezclar todos los ingredientes para el aderezo.

Rocíe sobre las verduras.

Ensalada de berenjenas, cerezas y espinacas a la plancha

Ingredientes:

12 onzas de berenjena (alrededor de 12 onzas en total), cortadas a lo largo en rectángulos de 1/2 pulgada de grosor

1/4 taza de cerezas

1 manojo de espinacas, enjuagadas y escurridas

12 piezas uvas negras

¼ taza de aceite de oliva virgen extra

ingredientes del aderezo

6 cucharadas aceite de oliva

3 gotas de salsa picante Tabasco

Sal marina, al gusto

3 cucharadas vinagre de vino blanco

1 cucharadita de mayonesa sin huevos

Deberes

Precaliente la parrilla a fuego medio alto.

Cepille las verduras con ¼ de taza de aceite.

cocinar

Salpimentar y asar durante 4 min. a la página.

Gire solo una vez para obtener marcas de parrilla en las verduras.

Mezclar todos los ingredientes para el aderezo.

Rocíe sobre las verduras.

Berenjena a la parrilla Napa Col y Corazones de alcachofa

Ingredientes:

12 onzas de berenjena (alrededor de 12 onzas en total), cortadas a lo largo en rectángulos de 1/2 pulgada de grosor

4 tomates grandes, en rodajas gruesas

1/2 taza de maíz enlatado

1 taza de corazones de alcachofa enlatados

1/2 repollo Napa mediano, en rodajas finas

1/4 taza de aceite de oliva virgen extra

ingredientes del aderezo

6 cucharadas aceite de oliva

1 cucharadita de ajo en polvo

Sal marina, al gusto

3 cucharadas vinagre blanco destilado

1 cucharadita de mayonesa sin huevos

Deberes

Precaliente la parrilla a fuego medio alto.

Cepille las verduras con ¼ de taza de aceite.

cocinar

Salpimentar y asar durante 4 min. a la página.

Gire solo una vez para obtener marcas de parrilla en las verduras.

Mezclar todos los ingredientes para el aderezo.

Rocíe sobre las verduras.

Ensalada de berros y tomates a la plancha

Ingredientes:

1 manojo de berros, enjuagados y escurridos

4 tomates grandes, en rodajas gruesas

5 floretes de coliflor

¼ taza de aceite de oliva virgen extra

ingredientes del aderezo

6 cucharadas aceite de oliva virgen extra

Sal marina, al gusto

3 cucharadas vinagre de manzana

1 cucharada. Enamorado

1 cucharadita de mayonesa sin huevos

Deberes

Precaliente la parrilla a fuego medio alto.

Cepille las verduras con ¼ de taza de aceite.

cocinar

Salpimentar y asar durante 4 min. a la página.

Gire solo una vez para obtener marcas de parrilla en las verduras.

Mezclar todos los ingredientes para el aderezo.

Rocíe sobre las verduras.

Ensalada de berros y coliflor a la plancha

Ingredientes:

1 manojo de berros, enjuagados y escurridos

5 floretes de coliflor

¼ taza de aceite de oliva virgen extra

ingredientes del aderezo

6 cucharadas aceite de oliva virgen extra

Sal marina, al gusto

3 cucharadas Vinagre balsámico

1 cucharadita de mostaza Dijon

Deberes

Precaliente la parrilla a fuego medio alto.

Cepille las verduras con ¼ de taza de aceite.

cocinar

Salpimentar y asar durante 4 min. a la página.

Gire solo una vez para obtener marcas de parrilla en las verduras.

Mezclar todos los ingredientes para el aderezo.

Rocíe sobre las verduras.

Ensalada de coliflor a la parrilla con coles de Bruselas y berros

Ingredientes:

5 floretes de coliflor

5 piezas coles de bruselas

4 tomates grandes, en rodajas gruesas

1 manojo de berros, enjuagados y escurridos

1/4 taza de aceite de oliva virgen extra

ingredientes del aderezo

6 cucharadas aceite de oliva virgen extra

Sal marina, al gusto

3 cucharadas Vinagre balsámico

1 cucharadita de mostaza Dijon

Deberes

Precaliente la parrilla a fuego medio alto.

Cepille las verduras con ¼ de taza de aceite.

cocinar

Salpimentar y asar durante 4 min. a la página.

Gire solo una vez para obtener marcas de parrilla en las verduras.

Mezclar todos los ingredientes para el aderezo.

Rocíe sobre las verduras.

Ensalada de tomates y melocotones a la plancha

Ingredientes:

4 tomates grandes, en rodajas gruesas

1 taza de duraznos picados

¼ taza de aceite de oliva virgen extra

ingredientes del aderezo

4 cucharadas aceite de oliva

Condimento para bistec, McCormick

2 cucharadas. vinagre blanco

1 cucharada. tomillo seco

1/2 cucharadita de sal marina

Deberes

Precaliente la parrilla a fuego medio alto.

Cepille las verduras con ¼ de taza de aceite.

cocinar

Salpimentar y asar durante 4 min. a la página.

Gire solo una vez para obtener marcas de parrilla en las verduras.

Mezclar todos los ingredientes para el aderezo.

Rocíe sobre las verduras.

Ensalada De Calabacín, Duraznos Y Espárragos A La Parrilla

Ingredientes:

1 taza de duraznos picados

Corta 1 calabacín a lo largo y córtalo por la mitad

6 piezas Espárragos

¼ taza de aceite de oliva virgen extra

ingredientes del aderezo

6 cucharadas aceite de oliva

3 gotas de salsa picante Tabasco

Sal marina, al gusto

3 cucharadas vinagre de vino blanco

1 cucharadita de mayonesa sin huevos

Deberes

Precaliente la parrilla a fuego medio alto.

Cepille las verduras con ¼ de taza de aceite.

cocinar

Salpimentar y asar durante 4 min. a la página.

Gire solo una vez para obtener marcas de parrilla en las verduras.

Mezclar todos los ingredientes para el aderezo.

Rocíe sobre las verduras.

Ensalada de col y tomate a la plancha

Ingredientes:

4 tomates grandes, en rodajas gruesas

5 floretes de coliflor

1 manojo de repollo, enjuagado y escurrido

6 piezas Espárragos

¼ taza de aceite de oliva virgen extra

ingredientes del aderezo

6 cucharadas aceite de oliva

1 cucharadita de ajo en polvo

Sal marina, al gusto

3 cucharadas vinagre blanco destilado

1 cucharadita de mayonesa sin huevos

Deberes

Precaliente la parrilla a fuego medio alto.

Cepille las verduras con ¼ de taza de aceite.

cocinar

Salpimentar y asar durante 4 min. a la página.

Gire solo una vez para obtener marcas de parrilla en las verduras.

Mezclar todos los ingredientes para el aderezo.

Rocíe sobre las verduras.

Ensalada a la plancha con col y coliflor

Ingredientes:

1 manojo de repollo, enjuagado y escurrido

5 floretes de coliflor

¼ taza de aceite de oliva virgen extra

ingredientes del aderezo

4 cucharadas aceite de oliva

Condimento para bistec, McCormick

2 cucharadas. vinagre blanco

1 cucharada. tomillo seco

1/2 cucharadita de sal marina

Deberes

Precaliente la parrilla a fuego medio alto.

Cepille las verduras con ¼ de taza de aceite.

cocinar

Salpimentar y asar durante 4 min. a la página.

Gire solo una vez para obtener marcas de parrilla en las verduras.

Mezclar todos los ingredientes para el aderezo.

Rocíe sobre las verduras.

Berenjena a la parrilla y col en vinagreta de miel y manzana

Ingredientes:

11 onzas de berenjena (alrededor de 12 onzas en total), cortadas a lo largo en rectángulos de 1/2 pulgada de grosor

1 manojo de repollo, enjuagado y escurrido

1 manojo de lechuga Boston

1/4 taza de aceite de oliva virgen extra

ingredientes del aderezo

6 cucharadas aceite de oliva virgen extra

Sal marina, al gusto

3 cucharadas vinagre de manzana

1 cucharada. Enamorado

1 cucharadita de mayonesa sin huevos

Deberes

Precaliente la parrilla a fuego medio alto.

Cepille las verduras con ¼ de taza de aceite.

cocinar

Salpimentar y asar durante 4 min. a la página.

Gire solo una vez para obtener marcas de parrilla en las verduras.

Mezclar todos los ingredientes para el aderezo.

Rocíe sobre las verduras.

Ensalada de col y coliflor a la parrilla con vinagreta balsámica

Ingredientes:

5 floretes de coliflor

1 manojo de repollo, enjuagado y escurrido

¼ taza de aceite de oliva virgen extra

ingredientes del aderezo

6 cucharadas aceite de oliva virgen extra

Sal marina, al gusto

3 cucharadas Vinagre balsámico

1 cucharadita de mostaza Dijon

Deberes

Precaliente la parrilla a fuego medio alto.

Cepille las verduras con ¼ de taza de aceite.

cocinar

Salpimentar y asar durante 4 min. a la página.

Gire solo una vez para obtener marcas de parrilla en las verduras.

Mezclar todos los ingredientes para el aderezo.

Rocíe sobre las verduras.

Ensalada de piña y berenjena a la plancha

Ingredientes:

12 onzas de berenjena (alrededor de 12 onzas en total), cortadas a lo largo en rectángulos de 1/2 pulgada de grosor

1 taza de trozos de piña en lata

5 floretes de coliflor

¼ taza de aceite de oliva virgen extra

ingredientes del aderezo

6 cucharadas aceite de oliva

3 gotas de salsa picante Tabasco

Sal marina, al gusto

3 cucharadas vinagre de vino blanco

1 cucharadita de mayonesa sin huevos

Deberes

Precaliente la parrilla a fuego medio alto.

Cepille las verduras con ¼ de taza de aceite.

cocinar

Salpimentar y asar durante 4 min. a la página.

Gire solo una vez para obtener marcas de parrilla en las verduras.

Mezclar todos los ingredientes para el aderezo.

Rocíe sobre las verduras.

Ensalada de calabacín y manzanas con mango a la plancha

Ingredientes:

1 taza de mango picado

1 taza de manzanas Fuji cortadas en cubitos

Corta 1 calabacín a lo largo y córtalo por la mitad

1 manojo de lechuga Boston

1/4 taza de aceite de oliva virgen extra

ingredientes del aderezo

6 cucharadas aceite de oliva

1 cucharadita de ajo en polvo

Sal marina, al gusto

3 cucharadas vinagre blanco destilado

1 cucharadita de mayonesa sin huevos

Deberes

Precaliente la parrilla a fuego medio alto.

Cepille las verduras con ¼ de taza de aceite.

cocinar

Salpimentar y asar durante 4 min. a la página.

Gire solo una vez para obtener marcas de parrilla en las verduras.

Mezclar todos los ingredientes para el aderezo.

Rocíe sobre las verduras.

Ensalada de tomate, manzana y mango a la plancha con vinagreta balsámica

Ingredientes:
1 taza de mango picado
1 taza de manzanas Fuji cortadas en cubitos
4 tomates grandes, en rodajas gruesas
5 floretes de coliflor
¼ taza de aceite de oliva virgen extra

ingredientes del aderezo
6 cucharadas aceite de oliva virgen extra
Sal marina, al gusto
3 cucharadas Vinagre balsámico
1 cucharadita de mostaza Dijon

Deberes
Precaliente la parrilla a fuego medio alto.

Cepille las verduras con ¼ de taza de aceite.

cocinar

Salpimentar y asar durante 4 min. a la página.

Gire solo una vez para obtener marcas de parrilla en las verduras.

Mezclar todos los ingredientes para el aderezo.

Rocíe sobre las verduras.

Ensalada de brócoli y judías verdes a la plancha

Ingredientes:

8 piezas Judías verdes

7 floretes de brócoli

8 onzas de berenjena (alrededor de 12 onzas en total), cortadas a lo largo en rectángulos de 1/2 pulgada de grosor

4 tomates grandes, en rodajas gruesas

¼ taza de aceite de oliva virgen extra

ingredientes del aderezo

6 cucharadas aceite de oliva virgen extra

Sal marina, al gusto

3 cucharadas vinagre de manzana

1 cucharada. Enamorado

1 cucharadita de mayonesa sin huevos

Deberes

Precaliente la parrilla a fuego medio alto.

Cepille las verduras con ¼ de taza de aceite.

cocinar

Salpimentar y asar durante 4 min. a la página.

Gire solo una vez para obtener marcas de parrilla en las verduras.

Mezclar todos los ingredientes para el aderezo.

Rocíe sobre las verduras.

Ensalada de espinacas y berenjenas a la plancha

Ingredientes:

12 onzas de berenjena (alrededor de 12 onzas en total), cortadas a lo largo en rectángulos de 1/2 pulgada de grosor

4 tomates grandes, en rodajas gruesas

1 manojo de espinacas, enjuagadas y escurridas

¼ taza de aceite de oliva virgen extra

ingredientes del aderezo

4 cucharadas aceite de oliva

Condimento para bistec, McCormick

2 cucharadas. vinagre blanco

1 cucharada. tomillo seco

1/2 cucharadita de sal marina

Deberes

Precaliente la parrilla a fuego medio alto.

Cepille las verduras con ¼ de taza de aceite.

cocinar

Salpimentar y asar durante 4 min. a la página.

Gire solo una vez para obtener marcas de parrilla en las verduras.

Mezclar todos los ingredientes para el aderezo.

Rocíe sobre las verduras.

Zanahorias a la plancha Ensalada de berros y col

Ingredientes:

5 zanahorias pequeñas

1 manojo de berros, enjuagados y escurridos

1 manojo de repollo, enjuagado y escurrido

¼ taza de aceite de oliva virgen extra

ingredientes del aderezo

6 cucharadas aceite de oliva

3 gotas de salsa picante Tabasco

Sal marina, al gusto

3 cucharadas vinagre de vino blanco

1 cucharadita de mayonesa sin huevos

Deberes

Precaliente la parrilla a fuego medio alto.

Cepille las verduras con ¼ de taza de aceite.

cocinar

Salpimentar y asar durante 4 min. a la página.

Gire solo una vez para obtener marcas de parrilla en las verduras.

Mezclar todos los ingredientes para el aderezo.

Rocíe sobre las verduras.

Ensalada a la plancha Ensalada Boston con zanahorias y berros

Ingredientes:
5 zanahorias pequeñas
1 manojo de berros, enjuagados y escurridos
1 manojo de repollo, enjuagado y escurrido
1 manojo de lechuga Boston
1/4 taza de aceite de oliva virgen extra

ingredientes del aderezo
6 cucharadas aceite de oliva
1 cucharadita de ajo en polvo
Sal marina, al gusto
3 cucharadas vinagre blanco destilado
1 cucharadita de mayonesa sin huevos

Deberes
Precaliente la parrilla a fuego medio alto.

Cepille las verduras con ¼ de taza de aceite.

cocinar

Salpimentar y asar durante 4 min. a la página.

Gire solo una vez para obtener marcas de parrilla en las verduras.

Mezclar todos los ingredientes para el aderezo.

Rocíe sobre las verduras.

Maíz a la parrilla y ensalada de col

Ingredientes:
1 maíz entero
1 manojo de repollo, enjuagado y escurrido
1 taza de corazones de alcachofa enlatados
6 piezas Espárragos
¼ taza de aceite de oliva virgen extra

ingredientes del aderezo
6 cucharadas aceite de oliva virgen extra
Sal marina, al gusto
3 cucharadas vinagre de manzana
1 cucharada. Enamorado
1 cucharadita de mayonesa sin huevos

Deberes
Precaliente la parrilla a fuego medio alto.

Cepille las verduras con ¼ de taza de aceite.

cocinar

Salpimentar y asar durante 4 min. a la página.

Gire solo una vez para obtener marcas de parrilla en las verduras.

Mezclar todos los ingredientes para el aderezo.

Rocíe sobre las verduras.

Coles de Bruselas a la parrilla y ensalada de col Napa

Ingredientes:

5 floretes de coliflor

5 piezas coles de bruselas

1/2 repollo Napa mediano, en rodajas finas

5 zanahorias pequeñas

1 manojo de lechuga Boston

1/4 taza de aceite de oliva virgen extra

ingredientes del aderezo

6 cucharadas aceite de oliva

3 gotas de salsa picante Tabasco

Sal marina, al gusto

3 cucharadas vinagre de vino blanco

1 cucharadita de mayonesa sin huevos

Deberes

Precaliente la parrilla a fuego medio alto.

Cepille las verduras con ¼ de taza de aceite.

cocinar

Salpimentar y asar durante 4 min. a la página.

Gire solo una vez para obtener marcas de parrilla en las verduras.

Mezclar todos los ingredientes para el aderezo.

Rocíe sobre las verduras.

Ensalada de lechuga Boston y zanahorias con repollo Napa a la parrilla

Ingredientes:
1/2 repollo Napa mediano, en rodajas finas
5 zanahorias pequeñas
1 manojo de lechuga Boston
1/4 taza de aceite de oliva virgen extra

ingredientes del aderezo
6 cucharadas aceite de oliva
1 cucharadita de ajo en polvo
Sal marina, al gusto
3 cucharadas vinagre blanco destilado
1 cucharadita de mayonesa sin huevos

Deberes
Precaliente la parrilla a fuego medio alto.

Cepille las verduras con ¼ de taza de aceite.

cocinar

Salpimentar y asar durante 4 min. a la página.

Gire solo una vez para obtener marcas de parrilla en las verduras.

Mezclar todos los ingredientes para el aderezo.

Rocíe sobre las verduras.

Ensalada de espinacas y berenjenas a la plancha

Ingredientes:

12 onzas de berenjena (alrededor de 12 onzas en total), cortadas a lo largo en rectángulos de 1/2 pulgada de grosor

4 tomates grandes, en rodajas gruesas

1 manojo de espinacas, enjuagadas y escurridas

¼ taza de aceite de oliva virgen extra

ingredientes del aderezo

6 cucharadas aceite de oliva virgen extra

Sal marina, al gusto

3 cucharadas Vinagre balsámico

1 cucharadita de mostaza Dijon

Deberes

Precaliente la parrilla a fuego medio alto.

Cepille las verduras con ¼ de taza de aceite.

cocinar

Salpimentar y asar durante 4 min. a la página.

Gire solo una vez para obtener marcas de parrilla en las verduras.

Mezclar todos los ingredientes para el aderezo.

Rocíe sobre las verduras.

Ensalada de zanahorias y berenjenas a la plancha

Ingredientes:
10 onzas de berenjena (alrededor de 12 onzas en total), cortadas a lo largo en rectángulos de 1/2 pulgada de grosor

1 manojo de hojas de lechuga romana

2 zanahorias medianas, cortadas a lo largo y partidas por la mitad

¼ taza de aceite de oliva virgen extra

ingredientes del aderezo

4 cucharadas aceite de oliva

Condimento para bistec, McCormick

2 cucharadas. vinagre blanco

1 cucharada. tomillo seco

1/2 cucharadita de sal marina

Deberes
Precaliente la parrilla a fuego medio alto.

Cepille las verduras con ¼ de taza de aceite.

cocinar

Salpimentar y asar durante 4 min. a la página.

Gire solo una vez para obtener marcas de parrilla en las verduras.

Mezclar todos los ingredientes para el aderezo.

Rocíe sobre las verduras.

Ensalada de col lombarda y tomate a la plancha

Ingredientes:
1/2 repollo rojo mediano, en rodajas finas
4 tomates grandes, en rodajas gruesas
1 manojo de lechuga Boston
1/4 taza de aceite de oliva virgen extra

ingredientes del aderezo
6 cucharadas aceite de oliva virgen extra
Sal marina, al gusto
3 cucharadas vinagre de manzana
1 cucharada. Enamorado
1 cucharadita de mayonesa sin huevos

Deberes
Precaliente la parrilla a fuego medio alto.

Cepille las verduras con ¼ de taza de aceite.

cocinar

Salpimentar y asar durante 4 min. a la página.

Gire solo una vez para obtener marcas de parrilla en las verduras.

Mezclar todos los ingredientes para el aderezo.

Rocíe sobre las verduras.

Ensalada de col roja y calabacín a la plancha

Ingredientes:

1/2 repollo rojo mediano, en rodajas finas

Corta 1 calabacín a lo largo y córtalo por la mitad

6 piezas Espárragos

¼ taza de aceite de oliva virgen extra

ingredientes del aderezo

6 cucharadas aceite de oliva

3 gotas de salsa picante Tabasco

Sal marina, al gusto

3 cucharadas vinagre de vino blanco

1 cucharadita de mayonesa sin huevos

Deberes

Precaliente la parrilla a fuego medio alto.

Cepille las verduras con ¼ de taza de aceite.

cocinar

Salpimentar y asar durante 4 min. a la página.

Gire solo una vez para obtener marcas de parrilla en las verduras.

Mezclar todos los ingredientes para el aderezo.

Rocíe sobre las verduras.